Bibliografische Information der Deutschen Nationalbibliothek
Die Deutsche Nationalbibliothek verzeichnet diese Publikation in der Deutschen Nationalbibliografie; detaillierte bibliografische Daten sind im Internet über http://dnb.d-nb.de abrufbar.

Das Gesamtprogramm
von Butzon & Bercker
finden Sie im Internet
unter www.bube.de

ISBN 978-3-7666-2700-1

Umschlaggestaltung: Werner Dennesen, Weeze
Layout und Satz: Amrei & Kai Serfling, Leipzig

Guido Erbrich

DIE BUNTEN FARBEN DES LEBENS

Was mir wichtig ist

Butzon & Bercker

Inhalt

SCHWARZ – die Farbe der großen Fragen – 10

WEISS – die Farbe vom Anfangen – 22

BLAU – die Farbe der Unendlichkeit – 32

LILA – die Farbe der Kreativität – 76

ORANGE – die fröhliche Farbe des Lachens – 80

BRAUN – die Farbe der Erde – 84

8 Am Anfang

46 GRÜN – die Farbe der Hoffnung

58 ROT – die Farbe der großen Gefühle

72 ROSA – die kleine Farbe der Einseitigkeit

94 GRAU – die Farbe des Alters und des Übergangs

104 GELB – die Farbe des Lichts

116 FARBKASTEN – die bunten Farben des Lebens in die Welt malen

Wir sind alle Stifte
in der Hand Gottes.
— Mutter Teresa

AM ANFANG

Zu Beginn der Schöpfung war nichts los. Es gab nichts zu sehen, wahrscheinlich auch nichts zu hören. Es gab ja auch niemanden, der zuschauen konnte. Die Bibel schreibt in eindrücklichen Worten von einer farblosen Zeit, von einer Welt im Chaos. In diesem Chaos muss erst einmal Licht gemacht werden. Und als das Licht angeschaltet ist, kommt nach und nach Farbe ins Spiel.

Am Anfang schuf Gott
Himmel und Erde.
Die Erde war leer
und ungestaltet und
Finsternis herrschte,
aber über dem Wasser
schwebte der Geist
Gottes. Gott sprach:
„Es werde Licht!"

Nach Genesis/1. Mose 1,1–3

Farben verbinden wir mit Gefühlen, mit Angst und Freude, mit Hoffnung und Zorn, mit Liebe, Hass, Ärger und Freude. Farben drücken unser Leben und seine Gefühle aus.

Durch Sterne am Himmel, durch bunte Blumen, durch Meere und Flüsse, durch Tiere, die auf der Erde, tief im Wasser und hoch im Himmel diese Welt beleben. Und auch der Mensch ist Teil dieser Schöpfung. Es ist ein großartiges Bild, das die Autoren der Bibel zeichnen. Sie versuchen der Frage auf den Grund zu gehen, wie Leben in dieses Weltall kam. Und Gott spielt als Meister der Farben hier die entscheidende Rolle.

Das kann die tiefschwarze Nacht sein oder der blaue Himmel, die rosarote Brille oder die zornroten Augen. Mit den Farben ist im Leben ganz schön was los. Gott sei Dank!

Anfang und Ende

All

Trauer

Nacht

Macht

SCHWARZ: DIE FARBE DER GROSSEN FRAGEN

Black Power

das Nichts

Tod

Würde

Einfachheit

Stil

Ernsthaftigkeit

Universum

NEIN! ... Eine richtige Farbe ist Schwarz nicht. Es ist der Grund, auf dem sich das Leben aufbaut.

Schwarz bleibt ein tiefes Geheimnis.

Schwarz ist dort, wo kein Licht hingelangt. So ist Schwarz die Farbe der großen Fragen, nach dem Sinn, nach dem Leben und nach dem Tod. Kommt danach noch was oder ist dann Schluss? Auf der Suche nach Antworten werden wir den anderen Farben begegnen. Ob die Antworten, die wir finden, dann ins Schwarze treffen, bleibt ein spannendes Unterfangen, ein ganzes Leben lang.

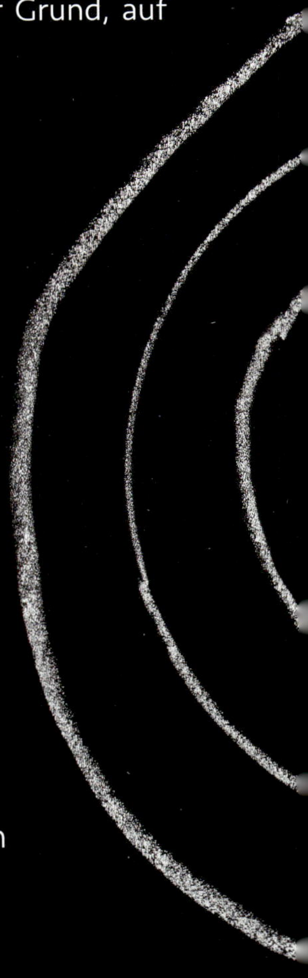

DAS LICHT IN DER DUNKELHEIT

Der berühmte Schelm Nasrudin krabbelte auf allen vieren draußen unter einer Laterne umher. „Was machst du da?", fragte ein vorbeikommender Freund. „Ich suche meinen Schlüssel, den ich verloren habe." Hilfsbereit krabbelte der Freund nun mit im Laternenschein und schaute nach dem Verlorenen. Sie suchten und suchten und fanden ihn nicht. Schließlich sagte der Freund zu Nasrudin: „Wo genau hast du ihn eigentlich verloren?" „Irgendwo da in der schwarzen Nacht hinterm Haus", antwortete der verschmitzt, „aber hier unter der Laterne ist mehr Licht."

Aus dem Orient

BEI DIR IST LICHT

Gott,

zu dir rufe ich am frühen Morgen:
Hilf mir beten und meine Gedanken sammeln;
ich kann es nicht allein.

In mir ist es finster,
aber bei dir ist Licht.

Ich bin einsam, aber du verlässt mich nicht.
Ich bin kleinmütig, aber bei dir ist Hilfe.
Ich bin unruhig, aber bei dir ist Frieden.
In mir ist Bitterkeit, aber bei dir ist Geduld.
Ich verstehe deine Wege nicht,
aber du weißt den rechten Weg für mich.

Vater im Himmel,
Lob und Dank sei dir für die Ruhe der Nacht.
Lob und Dank sei dir für den neuen Tag.
Lob und Dank sei dir für alle deine Güte und Treue
in meinem vergangenen Leben.
Du hast mir viel Gutes erwiesen,
lass mich nun auch das Schwere
aus deiner Hand hinnehmen.
Du wirst mir nicht mehr auferlegen,
als ich tragen kann.
Du lässt deinen Kindern alle Dinge
zum Besten dienen.

Dietrich Bonhoeffer
(1906–1945, evang. Theologe,
im KZ Flossenbürg ermordet)

Ich bin das Licht für die Welt.

Nach Johannes 8,12

JE DUNKLER ES HIER UM UNS WIRD, DESTO MEHR MÜSSEN WIR UNSER HERZ ÖFFNEN FÜR DAS LICHT VON OBEN.

Edith Stein
(1891–1942, deutsche Philosophin, Jüdin, Christin, Ordensfrau, im KZ Auschwitz ermordet, Heilige)

LICHT INS DUNKEL BRINGEN

To-do-Liste

- [ ] Jemandem was Nettes sagen und es ehrlich meinen
- [ ] Einen Fehler eingestehen
- [ ] Etwas verzeihen und nicht wieder darauf zurückkommen
- [ ] Eine Kerze anzünden
- [ ] Etwas verschenken
- [ ] Andere zum Lachen bringen
- [ ] Jemanden trösten
- [ ] Eine Sternwarte besuchen

Freude

Neues

Unschuld

Grund

WEISS
DIE FARBE VOM
ANFANGEN

Taufkleid

Feste

Hochzeit

Wissen

Reinheit

Weisheit

Ostern

Die Frauen am leeren Grab

Am ersten Tag der Woche gingen die Frauen mit wohlriechenden Salben, die sie zubereitet hatten, in aller Frühe zum Grab. Sie sahen, dass der Stein vom Grab weggewälzt war, und gingen hinein. Doch den Leichnam Jesu fanden sie nicht.

Während sie noch ratlos waren, traten zwei Männer in leuchtend weißen Gewändern zu ihnen. Die Frauen erschraken und schauten zu Boden. Die Männer aber sagten:

„Was sucht ihr den Lebenden bei den Toten? Er ist nicht hier, sondern er ist auferstanden."

Nach Lukas 24,1–6

Weiß ist das Gegenteil von schwarz. Hier sind die Antworten zu Hause. Optimismus macht sich breit. Ja, hier geht was Neues los. Maler nehmen eine weiße Leinwand und malen darauf. Zum Schluss ist vom Weiß des Anfangs nichts mehr zu sehen. Es ist der Grund, auf dem sich das Weitere abspielt. Die weißen Tücher und Gewänder im leeren Grab Jesu zeigen das ebenfalls:

Mit der Auferstehung beginnt eine neue Geschichte zwischen Gott und Mensch.

Deshalb sind auch die Taufkleider weiß. Wie auch die Kleider der Engel …

DIE WEISSEN BÄNDER

Zwei Reisende saßen sich im Zug lange wortlos gegenüber. Aufgeregt rutschte der eine hin und her. Glücklich sah er nicht aus. „Nur noch 20 Meilen bis nach Hause", sagte er mehr zu sich.

Der Ältere schaute auf: „Sie scheinen nicht zu wissen, ob Sie sich freuen sollen." Der Jüngere schien froh, endlich etwas loszuwerden, und es sprudelte nur so aus ihm heraus. „Ich habe großen Mist gebaut. Mehrere Jahre saß ich im Gefängnis. Zu Recht, das können Sie mir glauben. Meine Eltern und Geschwister waren enttäuscht. Besucht haben sie mich nie, nur ab und an Briefe geschrieben."

Aufgelöst erzählte er weiter. Er hoffe und bete, setzte er fort, dass sie ihm verziehen hätten, aber er wisse es nicht.

Vor ein paar Wochen habe er ihnen einen letzten Brief geschickt. Er werde entlassen und bitte sie, ihm ein Zeichen zu geben, ob sie ihm vergeben hätten und er heimkommen dürfe. Sie sollten einfach ein weißes Band an den Apfelbaum in der Nähe ihres Hofes hängen, an dem der Zug vorbeifährt. Wenn nicht, bräuchten sie überhaupt nichts tun, er führe dann weiter, so weit weg wie möglich.

Je näher der Zug dem Hof kam, desto unruhiger wurde der junge Mann.

Er schaffte es kaum noch aus dem Fenster zu schauen und vergrub sein Gesicht in seinen Händen. Der Ältere hingegen hielt seine Augen offen, dann begann er zu staunen. Sanft berührte er den Arm seines Mitreisenden. „Schauen Sie nur – der Baum dort. Er ist über und über mit weißen Bändern behangen." Beiden Männern standen Tränen in den Augen und gleichzeitig lachten sie. So ist es halt, wenn Wunder passieren.

Überliefert

WENN MAN MIT FLÜGELN GEBOREN WIRD, SOLLTE MAN ALLES DAZU TUN, SIE ZU BENUTZEN.

Florence Nightingale
(1820–1910, britische Krankenpflegerin und Lazarettgründerin)

Für alles gibt
es eine Stunde.
Alles, was unter
dem Himmel
geschieht, hat
seine Zeit.
Nach Kohelet/Prediger 3,1

WAS NEUES ANFANGEN

To-do-Liste

- [ ] Etwas ausprobieren
- [ ] Mit anderen über Ostern reden
- [ ] Ein Buch lesen
- [ ] Ein Bild malen
- [ ] Mit Kreide einen schönen Spruch auf den Weg schreiben
- [ ] Schneeflocken auf der Zunge schmelzen lassen
- [ ] Einen Streit beenden

Himmel

Weite

Wasser

Frieden

BLAU:

DIE FARBE DER UNENDLICHKEIT

Unendlichkeit

Stille

Vertrauen

Träume

Entspannung

TYPISCH HIMMEL!

Wer den Himmel, Wasser oder das Weltall malt, nimmt vor allem blaue Farben. Ganz klar, Blau ist die Farbe der Weite und Unendlichkeit.

Wenn Menschen nach ihrer Lieblingsfarbe gefragt werden, ist Blau die beliebteste Farbe weltweit. Sicher, weil wir mit Blau viele positive Eigenschaften verbinden: Frieden, Vertrauen, Stille, Entspannung, Frische, Verlässlichkeit.

Das passt auch zu einem eher schwierigen Wort: Transzendenz. Ganz einfach heißt das: Hier scheint etwas durch.

Deshalb haben Heilige oft die blaue Farbe in ihren Gewändern. Weil in ihrem Leben schon etwas vom Himmel durchscheint.

Und in vielen orientalischen Ländern werden Fenster und Türen blau gestrichen, um Gott einzuladen, der ja angeblich im blauen Himmel wohnt. Dieser alte schöne Brauch zeigt auf sympathische Weise, dass Gott auch in unsere Welt gehört. Ganz einfach, weil der Himmel schon hier auf der Erde beginnt.

Der blaue Psalm

Herr des Weltalls, wir singen dir ein Lied. Hier und jetzt und Millionen Lichtjahre entfernt klingt deine Schöpfung.

Sterne, Sonnensystem und Planeten, mittendrin wir mit unserem blauen Planeten.

Ein Wunder hast du uns geschenkt, das wir kaum begreifen können. Meere und Seen, Flüsse und Bäche. Wasser des Lebens.

Dein Himmel wölbt sich über uns. Lass deine Liebe auf uns, deine Geschöpfe, herabregnen, wir haben es bitter nötig.

Denn wir gehen mit dieser Welt um, als würdest du schon alles wieder neu machen, was wir kaputt bekommen.

Wir leiten Dreck in die Flüsse, verpesten die Luft, vergiften die Äcker.

Die Meere steigen, die Temperaturen gehen hoch und viele Geschöpfe sterben aus. Wir verbrennen die Wälder und versiegeln die Böden.

Weil wir gierig sind und alles wollen, weil wir falsch verstanden haben, was du meinst, wenn wir uns die Erde untertan machen sollen.

Bist du ohnmächtig, uns zur Vernunft zu bringen? Bist du machtlos gegenüber unserem schädlichen Tun?

Sei uns ein Gott, der uns hilft, den Schalter umzuwerfen. Sei ein Gott, der uns bestärkt, dieser Zerstörung entgegenzutreten.

Sei ein Gott, der Kraft, Mut und Ausdauer schenkt. Damit aus deinem blauen Planteten kein grauer wird.

BLAUES VATERUNSER

Vater unser im Himmel –
im blauen natürlich.

Schenke uns Vertrauen
in deine großartige Botschaft
vom Himmelreich;
von einem Haus mit vielen
Wohnungen, wo alle Platz
finden können;
von einem Ort, auf den wir
hoffen können, wenn wir
auf Erden nicht mehr sind.

Vater unser, dein Wille geschehe
im Himmel wie auf Erden.

Der Himmel geht ja auf die Erde
über. Hier leben wir und hier
können wir deine Schöpfung
mitgestalten.

Das klappt nicht immer gut.
Und wir lassen deine Welt auch
ganz schön schlecht aussehen.

Mache uns frei von allem Bösen
und erlöse uns.

Schenke uns Kraft und Mut,
diese unsere Welt zu gestalten.

Lass uns versuchen, den Himmel ein
Stück auf die Erde herunterzuholen.

Durch Liebe und Verzeihen,
durch Teilen und Schenken und Dank.

Denn schließlich ist dein das Reich
und die Kraft und die Herrlichkeit
in Ewigkeit. Amen.

Die Freiheit ist wie das Meer: Die einzelnen Wogen vermögen nicht viel, aber die Kraft der Brandung ist unwiderstehlich.

Václav Havel
(1936–2011, tschechischer Schriftsteller, Bürgerrechtler und Präsident)

JESUS SCHAUTE SIE ALLE AN UND SPRACH: BEI MENSCHEN IST DAS UNMÖGLICH, NICHT ABER BEI GOTT: BEI GOTT SIND ALLE DINGE MÖGLICH.

Nach Markus 10,27

Die blaue Ampel

Man erzählt sich, die Ampel vorm Domplatz in Mailand stellte eines Tags all ihre Lichter auf Blau. Soll man gehn? Soll man stehn? Soll man fahrn oder warten? Was soll blau nur bedeuten? Daraus wurde keiner schlau.

Dieses Blau war noch schöner als der Mailänder Himmel. Wie die Tinte des Dichters für ein Frühlingsgedicht. Wie ein Kirchenglasfenster, von der Sonne erleuchtet. Lapislazuliblau mit etwas Wasser vermischt.

Doch die Leute verfluchten das Verkehrsministerium, die Regierung, die UNO, überhaupt diese Welt. Ein Verkehrspolizist blies die Pfeife und tobte. Und ein andrer hat schnell ihren Strom abgestellt. Doch bevor sie erlosch, dachte die blaue Ampel: „Ach ihr Armen, sicher hat euch noch keiner erzählt: Blau bedeutet: Die Straße ist jetzt frei in den Himmel. Wenn ihr wollt, könnt ihr fliegen, falls der Mut euch nicht fehlt."

Gerhard Schöne

DAS BLAUE VOM HIMMEL ERZÄHLEN

To-do-Liste

- [ ] Schwimmen gehen
- [ ] Über Taufe, Firmung und Konfirmation reden
- [ ] Einen Traum erzählen
- [ ] Den Himmel beobachten
- [ ] Vögel füttern
- [ ] Laufen und Rad fahren
- [ ] Faire Schokolade teilen und essen
- [ ] Stiefmütterchen und Vergissmeinnicht pflanzen und gießen
- [ ] Einen Drachen steigen lassen

Gesundheit

Reichtum

Neuanfänge

Wachstum

GRÜN: DIE FARBE DER HOFFNUNG

Sicherheit

Inspiration

Hoffnung

beruhigend

entspannend

optimistisch

erfrischend

Grün = Leben

Keine Farbe wird so viel mit dem Leben in Verbindung gebracht wie Grün. Nach dem Winter wird scheinbar Totes wieder lebendig. Die Schneeglöckchen stecken zuerst ihre grünen Halme in die Winterkälte, doch bald fängt es überall zu grünen an.

Kein Wunder, dass Grün
auch die Farbe der Hoffnung ist.
Und Hoffnung braucht jeder Mensch.

Grün beruhigt und es ist die Farbe, bei der es weitergehen darf. Das kann man nicht nur an Ampeln sehen. Wenn eine Farbe Mut und gute Stimmung machen will, dann ist es Grün.

Mein Hoffnungswunschzettel:

Gesundheit für Kranke

Besuch für Einsame

Eine intakte Umwelt

Gerechtigkeit

Faire Lehrerinnen und Lehrer

Sauberes Wasser und Brot für alle Menschen

Mit jemandem durch dick und dünn gehen können

Ein Leben nach dem Tod und ein gutes Leben davor

Ehrlichkeit

Gott zu treffen

Einen Sinn im Leben zu finden

Genug Kraft, meine Talente für diese Welt einzusetzen

DEIN HERZ
SOLL IM EIN-
KLANG MIT
DEN HERZEN
DER ERDE
SCHLAGEN.

DU SOLLST
FÜHLEN, DASS
DU EIN TEIL
DES GANZEN
BIST, DAS DICH
UMGIBT.

Gebet der Cheyenne

UND MITTENDRIN FRIEDEN

Es war einmal ein König, der ließ in seinem ganzen Reich verkünden: „Wer das beste Bild vom Frieden malt, soll eine hohe Belohnung bekommen.“ Viele im Land, Große und Kleine, Alte und Junge, Frauen und Männer machten sich eifrig an die Arbeit und brachten ihre Bilder zum König. Zwei gefielen dem König am besten. Zwischen denen musste er sich nun entscheiden.

Auf dem ersten war ein in der Abendsonne liegender See gemalt. Im Wasser spiegelten sich bewaldete, majestätische Berge und jede noch so kleine Wolke des Himmels fand sich dort wieder. Jeder, der das Bild sah, dachte sofort an Frieden.

Ganz anders das zweite Bild. Auch hier waren Berge zu sehen, aber diese waren zerklüftet, rau und kahl. Über den dunklen Himmel jagten wütende Wolkenberge. Regen fiel und Blitze zerschnitten

die schwarze Nacht. Ein tosender Wasserfall stürzte ins Tal und riss Bäume, Geröll und kleine Tiere mit sich. Die Weisen des Landes schauten sich fragend an. Wo sollte hier Frieden sein?

Doch wer genau hinschaute, sah hinter dem Wasserfall einen winzigen grünenden Busch auf der zerklüfteten Felswand.

Dort hatte ein kleiner Vogel sein Nest gebaut. Mitten in dem wütenden Unwetter an diesem unwirtlichen Ort saß die Vogelfamilie ruhig, sicher und geschützt.

Tief bewegt sprach der König: „Frieden braucht es nicht nur dort, wo alles ruhig und in Harmonie zu sein scheint. Nicht nur dort, wo es keine Nöte und keine Kämpfe gibt. Frieden bringt Hoffnung und heißt vor allem, auch unter schwierigsten Umständen ruhig und friedlich im eigenen Herzen zu bleiben."

Überliefert

Fällt das Weizenkorn
nicht in die Erde
und stirbt, bleibt es
allein. Stirbt es aber,
dann bringt es
reiche Frucht.

Nach Johannes 12,24

Kein Problem wird gelöst,
wenn wir träge darauf
warten, dass Gott sich
darum kümmert.

Martin Luther King

(1929–1968, US-amerikanischer
Pastor und Bürgerrechtler)

Gebete verändern die Welt nicht,
aber **Gebete ändern die Menschen.**
Und die Menschen verändern die Welt.

Albert Schweitzer
(1875–1965, deutsch-französischer Theologe, Musiker und Arzt)

Ich hoffe, dass ich die Welt ein wenig besser verlasse, als ich sie vorgefunden habe.

Opa Schmitt

Es gibt überall Blumen für den, der sie sehen will.

Henri Matisse (1869–1954, französischer Maler)

Die reinste Form des Wahnsinns ist es, alles beim Alten zu belassen und gleichzeitig zu hoffen, dass sich etwas ändert.

Albert Einstein (1879–1955, deutscher Physiker und Nobelpreisträger)

Leben ist das, was passiert, während du andere Dinge im Kopf hast.

John Lennon (1940–1980, englischer Musiker)

Wer von der Hoffnung lebt, der tanzt ohne Musik.

Ballerina Tausendschön

EINE HOFFNUNG VERSCHENKEN

To-do-Liste

- [ ] Wandern gehen
- [ ] Etwas Sinnvolles für die Umwelt tun
- [ ] Einen Blumenstrauß verschenken
- [ ] Mit anderen eine Kanne Tee trinken
- [ ] Etwas einpflanzen oder säen
- [ ] Ein vierblättriges Kleeblatt finden
- [ ] Mal wieder mit den Taufpaten reden
- [ ] Spinat essen

Liebe

Zorn

Leidenschaft

Wut

ROT: DIE FARBE DER GROSSEN GEFÜHLE

Wärme

Aufregung

Freude

Emotion

Kraft

Gefahr

Rot ist ...

... Power, Kraft, Leidenschaft, Liebe, Zorn und Wut – es ist die wärmste und dynamischste Farbe, da geht die Post ab. Auch wenn sie durchaus gegensätzliche Emotionen hervorruft. Rot kann dich in Aufregung versetzen. Wer „rot sieht“, geht durch die Wand oder nach einem Foul vom Feld.

Rot ist die Farbe der Liebe, ein Gefühl, das dich Karussell fahren lässt. Rot ist das Blut, das durch unsere Adern fließt und unseren ganzen Körper mit Leben erfüllt. Rot warnt an Bahnübergängen, Ampeln und mit Rücklichtern.

Ebenso ist es die Farbe der Märtyrer, die ihr Leben verloren, weil ihr Glauben und ihre Liebe anders waren, als es die Herrschenden wollten.

Rot nimmt dir die Ruhe. Als starke Farbe mischt sie sich ein und erzeugt dabei zusammen mit anderen Farben Orange, Rosa, Lila und Braun. Auch wenn alle Farben zusammengehören: Rot ist wahrscheinlich die stärkste Farbe des Lebens. So wie die Liebe das wichtigste Gefühl des Lebens ist.

AUS DEM BEKANNTESTEN BRIEF DER BIBEL:

Spräche ich sämtliche Sprachen akzentfrei,
sänge ich wie das himmlische Heer,
ohne Liebe dabei, wär das leeres Geschrei,
wär nur grässliches hohles Geplärr!

Hätt ich Ahnung von sämtlichen Sachen,
um mein Haupt ständig ein Geistesblitz,
hätte das keinen Sinn ohne Liebe darin,
ne Gefahr wär ich oder ein Witz.

Gäb ich mein letztes Hemd einem Penner,
stürb für Freiheit, für Frieden und Recht,
ohne Liebe dabei, wär es doch einerlei.
Ohne Liebe wird alles nur schlecht.

Denn die Liebe ist gütig, geduldig.
Sie sagt nicht: Das bist du mir schuldig!
Sie macht sich nicht breit,
sie nimmt sich viel Zeit,
ergötzt sich nicht an fremdem Leid.

Die Liebe kann Kränkung verzeihen,
sie lässt keine Lüge gedeihen.
Das Lästermaul scheut sie.
Die Wahrheit erfreut sie.
Sie glaubt gern und hofft allezeit.

Ach, die Liebe, die findet kein Ende.
Alles Reden von Gott ist zu klein.
Alles Wissen kann irren,
die Prognosen verwirren.
Die Liebe bestehet allein.

Sei's ins Herz euch geschrieben:
Glauben, Hoffen und Lieben.
Wirklich groß ist die Liebe allein.

Gerhard Schöne nach 1. Korinther 13

Liebe und dann tue, was du willst.

Augustinus (354–430, Theologe und Kirchenlehrer)

Wenn Gott unser Herz berührt, fängt es an zu singen.

Hannah Arendt (1906–1975, deutsche jüdische Philosophin)

Wenn man verliebt ist, ist jedes Wetter wunderbar.

Rudyard Kipling (1865–1936, britischer Schriftsteller)

Heiliger Zorn: Jesus ging in den Tempel, stieß die Tische der Geldwechsler und der Taubenhändler um und jagte alle Händler und Täufer hinaus. Er fuhr sie an: „Ihr wisst, was geschrieben steht: Mein Haus soll ein Haus des Gebets sein, ihr habt daraus eine Räuberhöhle gemacht. Und er heilte die Kranken und Blinden, die im Tempel zu ihm kamen.

Nach Matthäus 21,12–14

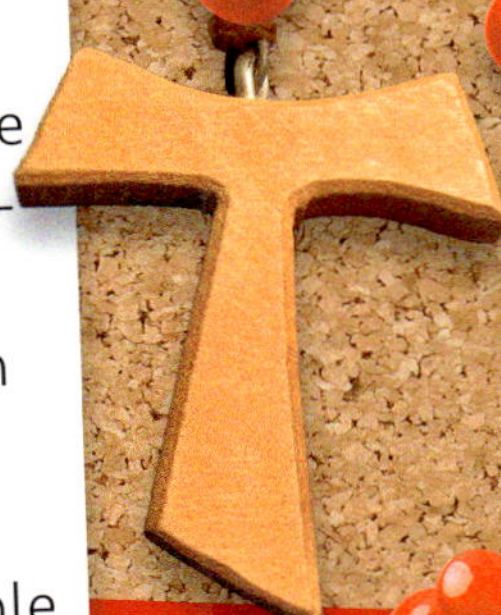

Jeder kann **wütend** werden, das ist einfach. Aber wütend auf den Richtigen zu sein, im richtigen Maß, zur richtigen Zeit, zum richtigen Zweck und auf die richtige Art, das ist schwer.

Aristoteles
(384–322 v. Chr., griechischer Philosoph)

GOTT STEIGT HERAB

Nach langer Zeit beschloss Gott, wieder einmal auf die Erde zu kommen. Vorsichtshalber schickte er Engel aus, die Lage zu erkunden. Nach einigen Tagen kamen sie zurück und berichteten. Viele hätten nicht genug zu essen, es fehle Wasser, viele hätten keine Arbeit, seien auf der Flucht oder litten im Krieg.

Gott sagte: „Dann werde ich als Nahrung für die Hungernden und Dürstenden, als Arbeit für die ohne Arbeit, als sichere Heimat für die Flüchtenden auf Erden erscheinen und ihnen den Frieden bringen.
Ich hoffe, die Menschen, die ich als meine Ebenbilder geschaffen habe, werden mir dabei helfen."

Überliefert

„ICH HOFFE, DIE MENSCHEN WERDEN MIR HELFEN."

Gott

Voll verliebt

Ich bin verliebt und könnte
vor Freude Kopfstand machen.

Für dich würde ich alles tun.

Mit dir noch viel lieber.

In meinen Augen bist du das
schönste, was mir je begegnet ist.

Du öffnest mein Herz
und lässt es schlagen.

Du weckst Kräfte in mir,
die ich noch gar nicht kannte.
Du machst mein Leben reich.

In dir sehe ich den Reichtum
der Schöpfung und verstehe,
was es heißt,
„wie Gott zu sein".
Kein mächtiger Götze,
sondern voll in Liebe zu sein.

Einfach göttlich.

Danke.

Amen

EINEN LIEBESBRIEF SCHREIBEN

To-do-Liste

- [ ] Ungerechtigkeiten laut benennen
- [ ] Sich gemeinsam mit anderen für ein wichtiges Anliegen starkmachen
- [ ] Ein Kirschkernweitspucken veranstalten
- [ ] Die Passionsgeschichten in der Bibel lesen
- [ ] Den eigenen Mut ausprobieren
- [ ] Mutmarmelade kochen und verschenken
- [ ] Beten, wenn ich über etwas sauer bin, und es ehrlich Gott erzählen

GEMIXT AUS ROT UND WEISS: ROSA

DIE KLEINE FARBE DER EINSEITIGKEIT

„DER GUCKT JA DURCH EINE ROSA BRILLE“

… sagt man gern über jemanden, der nur das Gute und Schöne sieht und all die Garstigkeiten und Bosheiten des Lebens einfach ausblendet. Diese Brille sollen angeblich auch Verliebte tragen, wenn Liebe sie nicht ohnehin blind macht.

Die Rosaseher sind das Gegenteil von den Schwarzmalern. Erfrischend einseitig, aber mal ehrlich: Ab und zu nur durch die rosa Brille zu schauen, kann befreiend sein. **Meist sind wir fehlerfixiert** und schauen auf das, was nicht so klappt.

Dabei verlieren wir den Blick für das Schöne und Gelungene. Es lohnt sich, dies zu ändern. Das Rezept dafür ist, einfach mal ein Stück des Lebensweges die rosarote Brille zu tragen. Denn das Gute gehört auch dazu. Und vielleicht ist es ja die Brille Gottes, der in den Menschen und der Welt das Gute sieht, egal wie tief es verborgen ist.

Ein Lächeln kann der Beginn einer Freundschaft sein. Ein Wort kann einen Streit beenden. Ein Blick kann eine Beziehung retten. Ein Mensch kann dein Leben verändern.

Malala Yousafzai
(*1997, pakistanische Bürgerrechtlerin. Als Schülerin und Bloggerin, die sich für das Recht von Mädchen auf Bildung einsetzte, wurde sie bei einem Attentat der Taliban schwer verletzt.)

WUNDER ERLEBEN NUR DIE-JENIGEN, DIE AN WUNDER GLAUBEN.

Erich Kästner (1899–1974, deutscher Schriftsteller)

Heute ist der erste Tag vom Rest deines Lebens.

Coretta Scott King (1927–2006, US-amerikanische Bürgerrechtlerin)

Liebt mit ehrlichem Herzen. Und so, wie ihr das Böse hasst, liebt das Gute. Seid miteinander in ehrlicher Liebe verbunden. Lasst euer Zusammenleben von gegenseitiger Achtung bestimmt sein.

Nach Römer 12,9f.

GEMIXT AUS BLAU UND ROT: LILA

DIE FARBE DER KREATIVITÄT

Gebet nach einem kleinen Wunder

Mein Gott! Ich könnte explodieren vor Freude. Lass uns was Verrücktes tun. Alle dürfen merken, wie glücklich ich bin. Du bist bei mir und heute, endlich, habe ich es gemerkt.

Du bist ein Gott, der sich gut verstecken kann. Und ich glaube fest, du bist auch ein Gott, der Humor hat. Lachst du manchmal?

Und wenn du dich dann kurz blicken lässt, möchte ich den Moment am liebsten festhalten und nie wieder loslassen. Da spielst du leider nicht mit. Aber es ist wunderbar, dass du da warst.

Darf ich dich was bitten, Gott?

Du musst dich ja nicht immer blicken lassen, aber sei bei mir. Auch dann, wenn ich es nicht merke und besonders dann, wenn ich dich vermisse und brauche. Wenn meine Stimmung im Keller ist und die Zweifel groß sind. Dann schicke mir einen Sonnenstrahl deiner Gegenwart. Amen.

Lila ist ein Mix aus der ruhigen Farbe **Blau** und dem starken, wirkungsvollen **Rot.** Lila steht für Kreativität, für Ungewohntes und das **Geheimnisvolle.**

Gott ist zwar unsichtbar, aber er lässt sich erkennen: An seinen Werken, an seiner Schöpfung können die Menschen schon immer seine ewige Macht und Herrlichkeit sehen und erfahren.

Nach Römer 1,20

Die höchste Form des Glücks ist ein Leben mit einem gewissen Grad an **Verrücktheit.**

Erasmus von Rotterdam (1469–1536, Humanist und Theologe)

MAN MUSS DAS MÖGLICHE VOLLBRINGEN, UM DAS UNMÖGLICHE ZU BERÜHREN.

Simone Weil (1909–1943, französische Philosophin)

Was wäre das Leben, hätten wir nicht den Mut, etwas zu riskieren.

Vincent van Gogh (1853–1890, niederländischer Maler)

So gut wie immer hat die kreativ engagierte Minderheit die Welt in einen besseren Ort verwandelt.

Martin Luther King (1929–1968, US-amerikanischer Bürgerrechtler)

Eines der tiefen Geheimnisse des Lebens ist, dass alles, was sich wirklich lohnt zu tun, das ist, was wir für andere tun.

Lewis Carroll (1832–1898, britischer Schriftsteller, Mathematiker und Fotograf)

GENIALE MENSCHEN SIND SELTEN ORDENTLICH, ORDENTLICHE SELTEN GENIAL.

Albert Einstein (1879–1955, deutscher Physiker)

GEMIXT AUS ROT UND GELB: ORANGE

DIE FRÖHLICHE FARBE DES LACHENS

Orange belebt ...

... und schafft Gefühle von Vitalität, Glück und Fröhlichkeit. Diese Farbe ist lebendig, aber dabei nicht so vital und fordernd wie Rot, sondern einladend, freundlich und durchaus mit einer guten Prise Humor versehen.

Gott will, dass der Mensch seinen Spaß hat.

Teresa von Avila
(1515–1582, spanische Mystikerin und Ordensfrau, Kirchenlehrerin)

DER HEILIGE FRANZISKUS UND DAS LACHEN

Eines Abends besuchte der heilige Franziskus mit seinen Brüdern ein kleines Kirchlein im Wald. Dort wollten sie meditieren und beten und so gingen sie hinein. Jeder suchte sich einen Platz und kniete sich hin. Ruhe zog ein. Das Flackern der Kerzen war leise zu hören – so still war es. Wie aus heiterem Himmel kam mitten im Gebet einem der Brüder ein lustiger Gedanke.

Der wurde langsam so stark, dass der arme Bruder nicht nur in sich hineinlächelte, sondern auf einmal große Angst bekam, laut loslachen zu müssen.

Aber der Gedanke wurde stärker. Der Bruder verzog sein Gesicht, kniff sich schmerzhaft in die Beine, versuchte sich abzulenken, aber nichts half. Zuerst gluckste er ein wenig, er presste seine Lippen zusammen. Aber egal was er tat, es half alles nichts.

Plötzlich prustete er los, musste laut lachen und er kicherte und lachte, bis ihm Tränen übers Gesicht liefen.

Die Brüder schauten auf, anfangs einige von ihnen recht vorwurfsvoll. Allerdings nicht lange, denn bald fingen die nächsten an mitzulachen und zum Schluss, ob sie wollten oder nicht, lachten auch die, die zuerst noch verärgert geschaut hatten. Die ganze Kirche erschallte von ihrem Gelächter, als ob Steine von ihren Seelen abfielen. Als sie nach einer ganzen Weile ausgelacht hatten, schauten sie unsicher zum heiligen Franziskus.

Er war der einzige, der noch ruhig mit geschlossenen Augen in seiner Ecke saß. Was mag der Heilige wohl nun von ihnen denken? Franziskus schlug die Augen auf, lachte sie an und sagte: „So schön haben wir noch nie gebetet. Was ist das nur für eine großartige frohe Botschaft, die wir von Gott geschenkt bekommen haben!"

Armut

Fruchtbarkeit

Bescheidenheit

Naturverbundenheit

BRAUN: DIE FARBE DER ERDE

Stabilität

Unterstützung

altmodisch

etabliert

Holz

Erde

Schokolade

DIE MISS-
BRAUCHTE
FARBE

BRAUN GEHÖRT ALS SEHR TIEFE UND DUNKLERE FARBE NOCH ZU DEN ROTTÖNEN.

Aber sicher, auch Braun kann eine lebendige Farbe sein, schließlich ist es die Farbe der Erde, die Grundlage allen Wachstums.

Die Nachfolger/-innen von Franziskus und Klara von Assisi gehen heute noch in braunen Kutten als Zeichen der Armut und Einfachheit.

Sicher, ein wenig bieder und altmodisch wirkt Braun auch, aber sich an Gutes aus der Vergangenheit zu erinnern, ist nichts grundsätzlich Schlechtes.

Es ist eine warme und freundliche Farbe, außer im politischen Bereich. Dort wird sie als Farbe eher missbraucht, was gar nicht so richtig zu ihr passt.

Gott schuf ...

... den Menschen als sein Ebenbild; und er schuf ihn als Mann und Frau. Dann segnete er sie und sprach:

„Seid fruchtbar und mehret euch, bevölkert die Erde und nehmt sie in eure Hände! Ihr sollt Macht haben über alle Tiere, über die Fische, die Vögel und alle anderen Lebewesen auf der Erde! Als Nahrung gebe ich euch alle Pflanzen, die Samen tragen, und die Früchte, die an den Bäumen wachsen."

Nach Genesis/1. Mose 1,27–29

STEHT MIT DEN FÜẞEN AUF DER ERDE UND WOHNT MIT DEM HERZEN IM HIMMEL.

Don Bosco
(1815–1888, italienscher Priester, der sich um Jugendliche kümmerte, Heiliger)

GROLL-KARTOFFELN

Ein Lehrer bat seine Schüler, einen Rucksack und einen Sack Kartoffeln in die Schule mitzubringen. Für jeden Menschen, dem sie etwas nicht verzeihen wollten, sollten die Schüler eine möglichst große Kartoffel wählen, darauf dessen Namen schreiben und die Kartoffel in den Rucksack legen.

Diesen Rucksack sollten sie eine Woche lang überall hin mitnehmen und an die Personen denken, deren Namen auf den Kartoffeln standen. Dabei sollten sie sich fragen, wem davon sie am leichtesten verzeihen könnten.

Einige trugen nur leichte Rucksäcke, andere auch sehr schwere Rucksäcke auf dem Rücken. Dann kam die eigentliche Aufgabe und die war nicht leicht: Jedes Mal, wenn sie sich in der Lage fühlten, einem Menschen, von dem sie sich verletzt fühl-

ten, voll und ganz zu verzeihen, durften sie die Kartoffel mit seinem Namen aus dem Rucksack nehmen und beiseitelegen. Dann galt es, weiter zu fragen, wem sie nun am leichtesten vergeben könnten. Wem sie verzeihen konnten, dessen Kartoffel durften sie aus dem Rucksack nehmen und so weiter.

Am Ende der Woche kamen alle wieder zusammen.

Einige Rucksäcke waren ganz leer, andere leichter geworden. Es gab niemanden, dessen Rucksack noch so gefüllt war wie eingangs der Woche. Alle Schüler strahlten. Aus den herausgenommenen Kartoffeln war ein großer Berg geworden. Gemeinsam schälten Schüler und Lehrer die Namen von den Kartoffeln ab, kochten die Kartoffeln in einem großen Topf, warfen ein paar Eier in die Pfanne und taten noch allerlei für ein leckeres Essen hinzu. Dann aßen sie gemeinsam, jeder bekam etwas ab und alle wurden satt.

Überliefert

ERDE IN DIE HAND NEHMEN

To-do-Liste

- [ ] Etwas im Garten oder auf dem Feld machen
- [ ] Jemanden zu Kaffee oder Kakao einladen
- [ ] Einen Friedhof besuchen
- [ ] Gemeinsam einen Kuchen backen
- [ ] In die Sonne legen
- [ ] Über Tod und Leben reden
- [ ] Schokoladen verkosten
- [ ] Etwas gegen braune Gesinnung tun, zum Beispiel etwas für Flüchtlinge

Nebel

graue Maus

alt

stinknormal

GRAU: DIE FARBE DES ALTERS UND DES ÜBERGANGS

ungefährlich

zuverlässig

emotionslos

förmlich

seriös

reserviert

Grau ...

... diese Farbe passt am ehesten zum Älterwerden. Klar, bei alten Menschen werden oft die Haare grau. Schon die alten Hebräer baten Gott in den Psalmen der Bibel:

„Herr, lass mich bloß nicht im Stich, gerade jetzt, wo ich alt und grau geworden bin! Schließlich möchte ich meinen Kindern und Enkeln erzählen, wie groß und herrlich du bist!"

Nach Psalm 71,18f.

Natürlich kann man Grau getrost eine verantwortungsbewusste Farbe nennen, sie wirkt förmlich und zuverlässig, allerdings auch „stinknormal" und emotionslos, ungefährlich, dezent, seriös und reserviert.

VERRÜCKTES MORGENGEBET

Es war einmal ein frommer Mann. Jeden Morgen kam er aus seinem Haus, fiel draußen auf dem Rasen seines Gartens auf die Knie und betete, so laut, dass es alle Nachbarn hören konnten. „Halleluja, ich preise deinen Namen, Herr. Habe Dank für diesen Tag!"

Tag für Tag sahen die Nachbarn diesem Treiben zu. Viele dachten: „So ganz dicht ist er nicht, wahrscheinlich hat er ein Rad ab."

Eines Morgens, es war ein grauer Tag, stürmisch und kalt.

Dicke Hagelkörner fielen vom Himmel, ein Wetter, bei dem man keinen Hund auf die Straße jagen würde. Gespannt schauten die Nachbarn aus ihren Fenstern. Ob der fromme Verrückte heute drinnen bleibt?

Von wegen, die Tür öffnete sich, wie jeden Tag, der Fromme kniete sich auf den Rasen und rief laut gegen den Sturm in den Himmel hinein: „Halleluja! Herr, ich preise dich und deinen heiligen Namen. Und ganz ehrlich, ich danke dir, dass nicht jeden Tag so ein Scheißwetter ist wie heute!“

AN EINEM REGENTAG BEGINNEN DIE FARBEN ZU LEUCHTEN. DESHALB IST EIN TRÜBER TAG, EIN REGENTAG, FÜR MICH DER SCHÖNSTE TAG.

Friedensreich Hundertwasser

Bis in euer Alter bleibe ich derselbe und will euch tragen, bis ihr grau werdet. Ich, der Herr, habe es bisher getan, und werde euch auch in Zukunft tragen und erretten.

Nach Jesaja 46,4

Das Gegenteil von Liebe ist nicht Hass, sondern **Gleichgültigkeit.** Das Gegenteil von Glaube ist nicht Überheblichkeit, sondern Gleichgültigkeit. Das Gegenteil von Hoffnung ist nicht Verzweiflung, es ist Gleichgültigkeit. Gleichgültigkeit ist nicht der Anfang eines Prozesses, es ist das **Ende eines Prozesses.**

Elie Wiesel
(1928–2016, in Rumänien geborener deutscher Jude, überlebte den Holocaust, Friedensnobelpreisträger)

ÜBER ERNSTE THEMEN REDEN

To-do-Liste

- [ ] Mit dem Schirm durch den Regen gehen und über Pfützen springen
- [ ] Einander eine Freude machen
- [ ] Etwas gegen die Langeweile tun
- [ ] Alten Menschen freundlich begegnen
- [ ] Lächeln
- [ ] Etwas verschönern
- [ ] Sich die Zukunft vorstellen

Sonne

Licht

Gelbe Seiten

Blumen

GELB: DIE FARBE DES LICHTS

Zitronen

Energie

Glück

Lachen

Optimismus

Spontanität

Gelb ...

... ist auch die Farbe des Lachens, der Freude und des Sonnenscheins, sie macht optimistisch und fröhlich.

Und dann gibt's da noch die Gelben Seiten. Sie sind schon eine tolle Erfindung, denn darauf finde ich Kontakte zu allem, was ich irgendwie gebrauchen könnte. Firmen, Kirchen, Notfallnummern, Hersteller, Geschäfte, Ärzte. Wie schön wäre es, Gelbe Seiten für meine Gefühle zu haben! Einfach um zu suchen, wer Freude in mein Leben bringen kann.

Denn Gelb ist die Farbe, die das Licht ins Leben bringt. In der Bibel gibt es einen schönen Satz:

Wir sollen das Licht nicht unter einen Eimer stellen, sondern selber Licht in die Welt bringen.

Nach Matthäus 5,15

Es ist das Licht Gottes, das wir selbst in uns tragen. Schöner als der Dichter Christian Morgenstern kann man es nicht sagen:

„Wer Gott aufgibt, der löscht die Sonne aus, um mit einer Laterne weiter zu wandeln."

Es ist unser
Licht, nicht
unsere Dunkelheit,
die uns am meisten
Angst macht.

Wir fragen uns, wer ich bin, mich brillant, großartig, talentiert, fantastisch zu nennen? Aber wer bist du, dich nicht so zu nennen?

Du bist ein Kind Gottes. Dich selbst klein zu halten, dient nicht der Welt.

Es ist nichts Erleuchtetes daran, sich so klein zu machen, damit andere um dich herum sich nicht unsicher fühlen. Wir sind alle bestimmt, zu leuchten, wie es die Kinder tun. Wir sind geboren worden, um den Glanz Gottes, der in uns ist, zu manifestieren. Dieser Glanz ist nicht nur in einigen von uns, er ist in jedem einzelnen.

Und wenn wir unser Licht erstrahlen lassen, geben wir unbewusst anderen Menschen die Erlaubnis, dasselbe zu tun. Wenn wir uns von unserer Angst befreit haben, wird unsere Gegenwart ohne unser Zutun andere befreien.

Nelson Mandela
(1918–2013, ehem. Staatspräsident Südafrikas)

IHR SEID DAS LICHT DER WELT.
EINE STADT AUF EINEM BERG
KANN SICH NICHT VERSTECKEN.
NIEMAND ZÜNDET SEINE LAMPE AN
UND STELLT SIE UNTER EINEN
EIMER. NEIN, DAS LICHT STEHT
AUF DEM LEUCHTER, UM ES ALLEN
IM HAUS HELL ZU MACHEN.
LASST EUER LICHT
FÜR DIE MENSCHEN LEUCHTEN!

Nach Matthäus 5,14–16

Wer im Dunkeln sitzt, zündet sich einen Traum an.

Nelly Sachs
(1891–1970, deutsche Jüdin, die vor den Nazis nach Schweden floh, Literaturnobelpreisträgerin, die, obwohl selbst in ärmlichen Verhältnissen lebend, das Preisgeld an Bedürftige verschenkte)

DIE SONNE UND DAS GESCHENKTE LÄCHELN

Ein alter Griesgram lief wie jeden Tag mit saurer Miene durch die Straßen der kleinen Stadt. Egal, was es war, alles ärgerte ihn und an jedem hatte er was auszusetzen – spielende Kinder, das Wetter, Gärten, die nicht so aussahen wie seiner, und natürlich all die anderen Menschen, die ihm so entgegenkamen mit ihren unfreundlichen Gesichtern.

Die Sonne hatte genug von diesem Trauerspiel. Sie schickte ein paar freundliche Sonnenstrahlen, damit sie ihre Freude hätten. Der eine fuhr dem Griesgram in die Nase und kitzelte ihn, der nächste strahlte auf die vorwurfsvollen Augen, eine kleine Gruppe umspielte den mürrischen Mund und die anderen verbreiteten eine wohlige Wärme um ihn herum. Es dauerte nicht lange und der Griesgram kniff seine Augen zusammen, verzog seinen Mund, hob seinen Kopf – und tatsächlich: Ein Lächeln erschien in seinem Gesicht, das es sich schnell bei ihm gemütlich machte.

In seiner Missstimmung merkte es der Griesgram nicht einmal.

Er fand es nur komisch, dass alle, die ihm entgegenkamen, ihn plötzlich freundlich anlachten und sich anscheinend freuten, ihn zu sehen. Manche grüßten ihn sogar. Da wunderte er sich sehr und ohne es zu wollen, fühlte er sich langsam besser.

Ein kleines Mädchen schenkte ihm eine Sonnenblume und die Gärten an den Häusern sahen auch nicht mehr so schlimm aus. Nicht mal das Wetter ärgerte ihn mehr. Der Himmel schien plötzlich viel blauer zu sein. Als der Griesgram in ein Fenster schaute und sich darin spiegelte, erschrak er. Sollte er etwa dieser freundlich lächelnde Mann sein? Er kratzte sich und sein Spiegelbild tat es ihm nach – er sprang nach links und rechts, sein Gegenüber ebenso. Schließlich konnte er nicht anders, er musste lachen und lachte sich seine ganze Bosheit von der Seele.

IN DIE SONNE LEGEN

To-do-Liste

- [ ] Zitronenwasser mixen
- [ ] Eine Karte per Post verschicken
- [ ] Etwas teilen
- [ ] Einen Sonnenaufgang und einen Sonnenuntergang beobachten
- [ ] Yellow Submarine von den Beatles mitsingen oder pfeifen
- [ ] Sonnenblumensamen verschenken
- [ ] Kerzen entzünden
- [ ] Anderen ein Licht aufgehen lassen

FARBKASTEN: DIE BUNTEN FARBEN DES LEBENS IN DIE WELT MALEN

Heilig scheinen

Ein kleiner Junge stand mit seiner Mutter vor einer Kirche. „Mutti, schau mal", sagte er, „die großen Fenster sind ja ganz schön schmutzig, die sehen gar nicht schön aus."

Die Mutter lächelte ihn an, nahm ihn an die Hand und ging mit ihm in die Kirche hinein.

Drinnen waren die Fenster, die von außen ganz grau und schmutzig aussahen, plötzlich strahlend bunt und leuchteten in den schönsten Farben. Der Junge staunte. Er schaute sich die vielen bunten Fenster mit ihren Bildern genau an. Besonders eins mit Heiligenfiguren gefiel ihm. Durch eine Figur strahlte gerade die Sonne hindurch, sodass sie besonders hell war.

„Mama, wer ist das?", wollte der kleine Junge wissen. – „Das ist ein Heiliger, der heilige Franziskus." Der Junge merkte sich das gut.

Ein paar Tage später fragte der Lehrer in der Schule seine Schüler:

„Wer von euch kann mir sagen, was ein Heiliger ist?“

Der kleine Junge meldete sich: „Ganz einfach. Ein Heiliger ist ein Mensch, durch den die Sonne scheint!“

Überliefert

BUNTE BITTEN

Vater, deine FARBEN machen unser Leben bunt und schön.

Mit Weiß lass uns beginnen. Schenke mir Mut für die wichtigen Anfänge und ersten Schritte. Lass mich offen sein für das, was du mit mir vorhast.

Mit dir möchte mein blaues Wunder erleben. Das Wunder des Himmels, der schon auf Erden beginnt. Lass mich mit dir das Blau dieses geerdeten Himmels erleben.

Im Rot erleben wir die Kraft des Lebens und der Liebe. Lass mich Liebe verschenken und Begeisterung. Lass mich Feuer und Flamme sein für deine Botschaft und deine Schöpfung.

Ich möchte dich im Grün des Lebens erahnen. Mache meine Hoffnung stark gegen alles, was klein macht und lähmt. Lass mich, wenn nötig, über meine Ängste hinauswachsen.

Wenn ich etwas falsch gemacht habe, lass mich durch das **Violett** der Buße zur Besinnung kommen. Öffne mir Wege und Möglichkeiten, Schlechtes wiedergutzumachen.

Im **Braun** der Erde können Samen sprießen. Lass mich bodenständig sein und gleichzeitig nach Neuem streben. Schön, wenn ich dabei in dir, Gott, meine Wurzeln haben kann.

Im strahlenden **Gelb** lass die Dunkelheit erblassen. Lass mich etwas von diesem Licht in die Welt bringen und es dort, wo ich es nötig habe, finden.

Im **Schwarz** des Ursprungs und des Todes schenke mir das Vertrauen, dass Nächte enden und Tage beginnen. Auch wenn Abschiede zum Leben gehören, lass mich auf das hoffen, was noch kommt.

Vater, zeige mir bitte ab und an eine deiner FARBEN oder mische sie, lass einen Regenbogen über uns allen leuchten und bringe auch durch mich deine bunten FARBEN des Lebens in die Welt.

DU WIRST NIEMALS EINEN REGEN-BOGEN FINDEN, WENN DU NACH UNTEN SCHAUST.

Charlie Chaplin
(1889–1977, Schauspieler und Komiker)

Quellennachweise

Texte:

S. 42, 62 f. aus „Die Lieder der Briefkästen" © Gerhard Schöne / BuschFunk Musikverlag GmbH, Berlin

Leider war es nicht in allen Fällen möglich, den Rechteinhaber ausfindig zu machen. Entsprechende Hinweise nimmt der Verlag gerne entgegen. Rechteansprüche bleiben gewahrt.

Bilder:

Abbildungen: Cover, Vor- und Nachsatz: © orangeberry – stock.adobe.com; S. 6, 7: © Gorilla – stock.adobe.com; S. 8, 9: © kytalpa – stock.adobe.com; S. 12, 13: © Andrey Popov – stock.adobe.com; S. 15: © Helmut Singer – stock.adobe.com; S. 21, 31, 45, 51, 57, 71, 93, 103, 115: © Alex Stokes – stock.adobe.com; S. 26, 27: © Pixel-Shot – stock.adobe.com; S. 28, 29: © Anna_ok – stock.adobe.com; S. 34, 35: Vera NewSib – stock.adobe.com; S. 37: © Antartis – depositphotos.com; S. 40, 41: © dvargg – depositphotos.com; S. 43: © FunnyLemon – stock.adobe.com; S. 48, 49, 72: © belchonock – depositphotos.com; S. 52: © VadimVasenin – depositphotos.com; S. 54: © Celavie – stock.adobe.com; S. 54, 55, 64, 65, 78, 79: © pabijan – stock.adobe.com; © pixelrobot – stock.adobe.com; S. 55: © enskanto – stock.adobe.com; S. 56: Icon from freepik.com; S. 61: © Yeti Studio – stock.adobe.com; S. 64: © sewer12 – depositphotos.com, © Africa Studio – stock.adobe.com; S. 65 © Franziskaner Mission; S. 68, 69. © MPHOTO2 – depositphotos.com; S. 70: Icon made by smalllikeart from flaticon.com; S. 76: © faitotoro – stock.adobe.com; S. 78: © elocin – stock.adobe.com; S. 80: © FrankBoston – stock.adobe.com; S. 86: © CaptureAndCompose – stock.adobe.com; S. 88: © exopixel – depositphotos.com; S. 91: © TwilightArtPictures – stock.adobe.com; S. 92: © blende11.photo – stock.adobe.com; S. 96, 97: © deagreez – stock.adobe.com; S. 98, 99: © Gray wall studio – stock.adobe.com; S. 102: Icon made by Freepik from flaticon.com; S. 106, 107: © Tom Bayer – stock.adobe.com; S. 108: © SG-design – stock.adobe.com; S. 110, 111: © somchaij – stock.adobe.com; S. 114: Icon made by iconixar from flaticon.com; S. 116, 117. © Evgenia Smirnova – stock.adobe.com; S. 119: © kavunchik – stock.adobe.com; S. 122: © Mariia – stock.adobe.com